BEI GRIN MACHT SICH IHR
WISSEN BEZAHLT

AF167112

- Wir veröffentlichen Ihre Hausarbeit,
  Bachelor- und Masterarbeit

- Ihr eigenes eBook und Buch -
  weltweit in allen wichtigen Shops

- Verdienen Sie an jedem Verkauf

Jetzt bei www.GRIN.com hochladen
und kostenlos publizieren

Der Gegenwartsbezug im Geschichtsunterricht

Gunnar Maier

Bibliografische Information der Deutschen Nationalbibliothek:

Die Deutsche Nationalbibliothek verzeichnet diese Publikation in der Deutschen Nationalbibliografie; detaillierte bibliografische Daten sind im Internet über http://dnb.d-nb.de abrufbar.

ISBN: 9783346577597
Dieses Buch ist auch als E-Book erhältlich.

© GRIN Publishing GmbH
Nymphenburger Straße 86
80636 München

Druck und Bindung: Books on Demand GmbH, Norderstedt Germany
Gedruckt auf säurefreiem Papier aus verantwortungsvollen Quellen

Das vorliegende Werk wurde sorgfältig erarbeitet. Dennoch übernehmen Autoren und Verlag für die Richtigkeit von Angaben, Hinweisen, Links und Ratschlägen sowie eventuelle Druckfehler keine Haftung.

Das Buch bei GRIN: https://www.grin.com/document/1167616

Vorname: Gunnar   Kassel, den 07.03.2008

Name: Maier

Übung in: Einführung in die Geschichtsdidaktik

Wintersemester 2007/2008

GLIEDERUNG

Geschichtsunterricht und Gegenwartsbezug

Fragestellung

Im Verlauf des Geschichtsunterrichtes stellt sich für den Schüler automatisch, ob er dies nun ausformuliert oder nicht, die Frage, was längst vergangene, geschichtliche Ereignisse eigentlich für eine Bedeutung für dessen heutiges Alltagsleben haben. Auf die Beantwortung dieser Frage und danach, wie dem Schüler eine selbstständige Bearbeitungstechnik für geschichtliche Fragen mit Gegenwartsbezug beigebracht werden kann wird im Folgenden eingegangen.

Geschichtsunterricht und Gegenwartsbezug

I. Gegenwartsbezug von Geschichte

Jede Form des Nachdenkens über Geschichte weißt bereits in sich einen gewissen Gegenwartsbezug auf, da Nachdenken über Geschichte immer in der Gegenwart, über Vergangenes, stattfindet und von den Erwartungen des Einzelnen an die Zukunft beeinflusst ist. Zwar geschieht dies nur bewusst, wenn wir auf den geschichtlichen Bezuge eines Gedankenganges konkret aufmerksam gemacht werden, zum Beispiel indem uns der antike Charakter eines Bauwerkes konkret ins Auge springt, aber dieses Nachdenken geschähe ansonsten unbewusst[1]. Es in eine geordnete Bahn zu lenken ist Aufgabe des Geschichtslehrers. Besteht kein Bezug zwischen dem Schüler und dem Geschichtsthema, so besteht von dessen Seite kein Interesse am Thema und es wird unmöglich sein ihm etwas zu diesem Thema zu vermitteln. Das Interesse an Geschichte wird nämlich grundsätzlich durch Gegebenheiten aus der Gegenwart angeregt[2].

a. Geschichtskultur und ihre Bedeutung

Ihren Ausdruck findet der Gegenwartsbezug von Geschichte in der sog. Geschichtskultur, welche jede Erschienungsform von Geschichte, sei es nun in Form von Historiographie oder Historismus, beinhaltet und ihren Niederschlag im Geschichtsbewusstsein des einzelnen findet[3].

b. Arten der Geschichtskultur

Als exemplarische Erscheinungsformen von Geschichtskultur gelten unter anderem diverse Begriffe, wie z.B. Demokratie, die im Laufe der Geschichte ihre Bedeutung geän-

---

[1] Schulz-Hageleit, Peter: Grundzüge geschichtlichen und geschichtsdidaktischen Denkens, Lang, Frankfurt am Main 2002, S. 15, 16

[2] Steinbach, Lothar: Der Einzelne und das Allgemeine – Überlegungen zu unserem Umgang mit Geschichte aus historischer und sozialpsychologischer Sicht, in: Vergangenheit, Geschichte, Psyche: Ein interdisziplinäres Gespräch, hrsg. v. Dagmar Klose/ Uwe Uffelmann,, Schulz Kirchner, Idstein 1993, S. 37

[3] Schönemann, Bernd: Museum als Institution der Geschichtskultur, in: Museum und Geschichtskultur: Ästhetik, Politik, Wissenschaft, hrsg. v. Olaf Hartung, Verlag für Regionalgeschichte, Bielefeld 2006, S. 23, 24

dert haben, sowie Gedenktage und Gedenkjahre mit Bezug auf historische Ereignisse. Auch sind hier Werbeslogans sowie Straßennamen und Denkmäler, als Teil einer gezielten Erinnerungspolitik, bauliche Überreste und alle Formen von Medien[4] zu nennen. Diese Aufzählung ist keinesfalls final, sondern deutet nur an, was alles Teil der Geschichtskultur ist.

Insgesamt gesehen lässt sich sagen, dass alles was zur Lebenswelt eines Menschen gehört, also alle Mitmenschen, Dinge und gedanklichen Gebilden, wie Werbeslogans, bestimmte Feiertage und ähnliches eine eigene Vorgeschichte und eine Bedeutung in der Geschichte haben und damit Teil der Geschichtskultur sind[5]. Es ist hierfür nicht einmal eine bestimmte zeitliche oder räumliche Nähe erforderlich, dennoch bestimmt diese den Grad des Bezuges zu dem jeweiligen Menschen.

II. Aufarbeitung einer geschichtlichen Frage mit Gegenwartsbezug

Es besteht also immer ein Gegenwartsbezug von Geschichte, in der Erscheinungsform der Geschichtskultur, welche eine Unzahl an Formen haben kann. Wie jedoch nun ein Bezug von einem konkreten, aktuellen Problem zu einem Ereignis aus der Geschichte aufgebaut werden kann, ist damit noch nicht geklärt.

a. Erscheinungsformen möglicher Probleme

Worin nun überhaupt ein Problem gesehen werden kann bedarf zunächst einiger Konkretisierung.

Nach einhelliger Meinung setzt ein Problem immer eine bestimmte Gegebenheit, die Wahrnehmung einer solchen oder ein gedankliches Konstrukt voraus, das vom Bearbeiter als ungenügend, widersprüchlich, lückenhaft oder zu komplex erachtet wird. An diese unverständliche Ausgangssituation tritt er dann mit der Absicht heran, sie planmäßig soweit aufzuarbeiten, dass sie verständlich und logisch wird[6]. Wichtig ist hierbei immer, dass ihn die Ausgangslage, aufgrund ihrer Fehlerhaftigeit, an der Verwirklichung eines Zieles hindert und er sie aus diesen Gründen aufzuarbeiten beabsichtigt[7].

---

[4] Bergmann Klaus: Gegenwarts- und Zukunftsbezug, in: Handbuch Methoden im Geschichtsunterricht, hrsg. v. Ulrich Mayer/ Hans-Jürgen Pandel/ Gerhard Schneider, Wochenschau-Verlag, Schwalbach 2007, S. 94 – 98

[5] Schörken, Rolf: Geschichte als Lebenswelt, in: Handbuch der Geschichtsdidaktik, hrsg. v. Klaus Bergmann/ Anette Kuhn/ Jörn Rüsen/ Gerrhard Schneider, Kallmeyer, 1992, S. 6 - 8

[6] Aebli,Hans : Denken: Das Ordnen des Tuns, Band 2: Denkprozesse, Klett-Cotta, Stuttgart 1981, S. 17

[7] Ebd., S. 17, 18

b. Fragestellungen an die Geschichte

Ausgehend von einem Problem der Gegenwart können nun Fragen an die Geschichte gestellt werden. Hierbei gilt es allerdings zunächst zu klären, welche Frage zu welchem Problem zu stellen ist. Erst nachdem Frage und Problem hinreichend definiert wurden, kann der Bearbeitungsprozess beginnen[8]. Zur effizienten Bildung einer Frage ist sowohl das sog. deklarative, als auch das prozedurale Wissen erforderlich. Bei dem deklarativen Wissen handelt es sich um bereits existentes Faktenwissen, das dahingehend erforderlich ist, dass an dieses Wissen der neue Themenkomplex anschließt und darauf aufbaut[9]. Bei dem prozeduralen Wissen wiederum handelt es sich um Methodenwissen, also zum Beispiel darum wie zu einem bestimmten Thema zu recherchieren ist, wie kritisch mit Quellen zu arbeiten ist oder wie mit bestimmten Materialien umzugehen ist, und als Fertigkeiten, eingespeicherte, Automatismen[10]. Gerade dieses prozedurale Wissen, also die Art, wie gelernt werden soll, bzw. automatische Handlungssequenzen sind aber zu einem gewissen Grad bereichsspezifisch, also speziell auf das Fach Geschichte bezogen, einzuüben. Der Grund hierfür ist insbesondere, dass ein abstraktes, fest vorgegebenes Denkmuster zu einer starren Schrittabfolge bei der Bearbeitung historischer Sachverhalte führen, was eventuell zu einer Verfälschung erarbeiteter Ergebnisse führen könnte[11]. Gerade die Arbeit mit Geschichte beinhaltet eine Vielzahl individueller, zu berücksichtigender Aspekte. Auch können generalisierte Schemen nicht auf alle Personen gleich angewendet werden, da sich diese in ihren Denkprozessen meist unterscheiden[12]. Wird im anschließenden die Frage formuliert kann diese grundsätzlich zwei Formen von Gegenwartsbezug haben, den Ursachenzusammenhang und den Sinnzusammenhang[13].

---

[8]Baricelli, Michele: Problemorientierung, in: Mayer, Ulrich; Hans-Jürgen, Pandel; Schneider, Gerhard (Hrsg.): Handbuch Methoden im Geschichtsunterricht, Wochenschau-Verlag, Schwalbach 2007 S. 82 I

[9] Ebd., S. 84

[10] East, Patricia: Deklaratives und Prozedurales Wissen im Fremdsprachenerwerb: Eine empirische Untersuchung des Grammatikwissens von deutschen Lernern mit Englisch als Fremdsprache, tuduv, München 1992, S. 23, 24
S. 23, 24

[11] Dittrich, Christine: Ein kognitionspsychologischer Ansatz zur Analyse von Mikroprozessen historischen Lernens, in: in: Klose, Dagmar; Uffelmann, Uwe;(Hrsg.): Vergangenheit, Geschichte, Psyche: Ein interdisziplinäres Gespräch, Schulz Kirchner, Idstein 1993, S. 189

[12] Ebd., S 189

[13] Bergmann, Klaus: Gegenwarts- und Zukunftsbezug, Mayer, Ulrich; Hans-Jürgen, Pandel; Schneider,

3

a.a.) Sinnzusammenhang

Beim Sinnzusammenhang werden ein aktuelle Probleme, Werte oder Sinnvorstellungen einem historischen Sachverhalt, zu dem keine direkte historische Verbindung besteht, vergleichend gegenübergestellt[14].

Zu beachten bleiben bei einer solchen Gegenüberstellung aber immer die Kohärenz und Differenz welche zwischen diesen beiden Ereignissen besteht.

Kohärenz ist von daher wichtig, dass sie auf die Vergleichbarkeit der Ereignisse eingeht. Eine vergleichende Gegenüberstellung ist eben nur möglich, wenn zwischen dem vergangenem und dem gegenwärtigen Ereignis mindestens eine geringfügige Ähnlichkeit besteht. Überspitzte Vergleiche darüber hinaus eine sehr nützliche Anregung zu Diskussionen sein[15].

In diesem Zusammenhang ist aber auch die Differenz zwischen beiden Ereignissen von entscheidender Bedeutung. Sie stellt quasi das Gegenstück zur Kohärenz dar und geht auf die Unterschiede der beiden Ereignisse ein. Dies beinhaltet jedoch nicht nur die Ereignisse an sich, sondern auch die Begleiterscheinungen, Hintergründe und Umstände.

Besonders zu schärfen gilt es in diesem Zusammenhang einen kritischen Blick der Schüler, um die vorliegenden überhaupt richtig deuten zu könne und damit um damit einen sinnvollen Vergleich zu schließen. Ein Vergleich ist nur sinnvoll, wenn man sich all diese Faktoren bewusst macht und sie bei der Herleitung bzw. auch bei der Bearbeitung der Frage ausreichend berücksichtigt[16].

Nur unter ausreichender Berücksichtigung von Kohärenz und Differenz ist es möglich eine, für die Gegenwart nützliche, Frage an die Geschichte zu formulieren[17].

Gerhard (Hrsg.): Handbuch Methoden im Geschichtsunterricht, Wochenschau-Verlag, Schwalbach 2007, S.104

[14] Bergmann, Klaus: Gegenwarts- und Zukunftsbezogenheit, in: Bergmann, Klaus; Kuhn, Anette; Rüsen, Jörn; Schneider, Gerhard (Hrsg.): Handbuch der Geschichtsdidaktik, Kallmeyer, Seelze-Velber 1992, S.267

[15] Ebd. S. 34

[16] Schneider, Gerhard: Die Arbeit mit schriftlichen Quellen, in: Pandel, Hans-Jürgen, Schneider, Gerhard (Hrsg.), Handbuch Medien im Geschichtsunterricht, Wochenschau- Verlag, Schwalbach 1999, S. 26, 27

[17] Bergmann, Klaus: Gegenwarts- und Zukunftsbezug, Mayer, Ulrich; Hans-Jürgen, Pandel; Schneider, Gerhard (Hrsg.): Handbuch Methoden im Geschichtsunterricht, Wochenschau-Verlag, Schwalbach 2007, S. 106

b.b.) Ursachenzusammenhang

Beim Ursachenzusammenhang wird zunächst, anders als beim Sinnzusammenhang, nur das aktuelle Ereignis betrachtet. Auch findet kein Vergleich in einer solchen Form statt. Vielmehr wird, ausgehend von dem aktuellen Ereignis immer weiter in die Zeit zurückgegriffen um eben dieses Ereignis in allen seinen Aspekten verständlich zu machen. Es wird also, wie der Begriff vermuten lässt, auf die Gründe des Zustandekommens, bzw. die Ursachen des Ereignisses eingegangen[18].

c. Bearbeitungsprozess zur Frage

Nach der Klärung der Bedeutung und des Inhaltes der Frage kann im anschließenden der Lösungsprozess zu dieser beginnen.

Von elementarer Bedeutung für eine effiziente Bearbeitung einer geschichtlichen Frage mit Gegenwartsbezug ist sowohl ein umfassendes Wissen über relevante Gegebenheiten und Umstände der Gegenwart, als auch ein ebenso historisches Fachwissen über die behandelten Ereignisse, sowie die Begleiterscheinungen und Umstände[19].

Zu beachten bleibt hierbei, dass diese beiden Wissensformen fließend ineinander übergehen und das Wissen bzw. eine Situation der Gegenwart, den Standpunkt zu einer historischen Gegebenheit beeinflussen kann. Beide Wissensformen stehen aber in einer wechselseitigen Beziehung weshalb dies auch in umgekehrter Richtung funktionieren kann[20].

Beide Wissensformen sollten, soweit im Gedächtnis der Schüler bereits vorhanden möglichst reaktiviert werden. Insbesondere das historische Fachwissen sollte außerdem im Verlauf der Aufarbeitung erweitert werden. Durch die Aktivierung bzw. die Erweiterung dieser beiden Wissensformen wird der Ursachenzusammenhang bzw. der Sinnzusammenhang einer Frage mit Geschichtsbezug verständlich und die Bearbeitung kann auf eine nützliche Lösung gerichtet werden.

---

[18] Bergmann, Klaus: Gegenwarts- und Zukunftsbezogenheit, in: Bergmann, Klaus; Kuhn, Anette; Rüsen, Jörn; Schneider, Gerhard (Hrsg.): Handbuch der Geschichtsdidaktik, Kallmeyer, Seelze-Velber 1992,S.267

[19] Bergmann, Klaus: Gegenwarts- und Zukunftsbezug, Mayer, Ulrich; Hans-Jürgen, Pandel; Schneider, Gerhard (Hrsg.): Handbuch Methoden im Geschichtsunterricht, Wochenschau-Verlag, Schwalbach 2007, S. 106

[20] Bodo, Borris von/ Körber Andreas: Geschichtsbewusstsein als System von Gleichgewichten und Transformationen, in: Rüsen, Jörn (Hrsg.):Geschichtsbewusstsein: psychologische Grundlagen, Böhlau, Köln 2001,S. 254, 255

Reines Hintergrundwissen allein ist für einen effizienten Lösungsvorgang aber noch nicht ausreichend. Von ebenso großer Bedeutsamkeit ist methodisches Wissen, oft auch Handlungswissen genannt.

Das Handlungswissen beinhaltet das Wissen, mit welcher konkreten Vorgehensweise am sinnvollsten an eine bestimmte Fragestellung heranzugehen ist. Allerdings nur in einzelnen Elementen. Diese, bereits abgespeicherten Element, werden bei der Aufgabenstellung abgerufen und zu einem Handlungsplan verbunden[21].

Strategisches Wissen beinhaltet hierbei immer die persönliche Ausgangssituation, also unter anderem die persönlichen Fähigkeiten und welche Hilfsmittel konkret zur Verfügung stehen, so kann es beispielsweise darin bestehen, mit welchen Verfahren man sich den Inhalt einer komplexen, historischen Karte am besten verständlich macht[22].

Strategische Herangehensweisen an bestimmte Fragen können somit beispielsweise in einer Informationsbeschaffung über zusätzliche Quellen oder einer tiefgründigen Analyse bereits existenter Quellen bestehen.

Werden alle in diesem Zusammenhang genannten Wissensaspekte hinreichend berücksichtigt und angewandt, ist eine effiziente und qualifizierte Lösung zu der gestellten Frage zu erwarten.

d. Reflexion

Nach der Lösung der Frage gilt es diese Lösung reflektierend zu betrachten, um aus ihr ein Maximum an Nutzen zu ziehen.

Wichtig für eine nutzbringende Reflexion ist eine rückblickende Betrachtung des gesamten Aufgabenkomplexes, was sowohl die Frage und ihre Herleitung, als auch die einzelnen Schritte des Lösungsweges sowie die final erarbeitete Lösung und ihre Bedeutung im Gesamtkontext der Geschichte, beinhaltet[23].

Die hierbei erlangten Erkenntnisse, wenn möglich methodischer, als auch inhaltlicher Natur, sind deutlich zu benennen, wobei bedeutsam ist, dass der Lehrer seine Position zu diesen Erkenntnissen durch Bestätigung oder Ablehnung kenntlich macht. Dies ist für die Bearbeitung zukünftiger Aufgaben wichtig und fördert auch eine Eigenreflexion

---

[21] Aebli,Hans : Denken: Das Ordnen des Tuns, Band 2: Denkprozesse, Klett-Cotta, Stuttgart 1981, S. 210

[22] Raisch, Herbert: Weniger ist oft mehr, Grundlagen der Kartenarbeit im Geschichtsunterricht, in : Praxis Geschichte, Beck, München 1999, S. 4, 7

[23] Böttcher, Christiane: Die Karte, in: Handbuch Medien im Geschichtsunterricht, hrsg. v. Hans-Jürgen Pandel/ Gerhard Schneider, Wochenschau- Verlag, Schwalbach 1999, S. 194

über die erlangten Erkenntnisse[24]. Es bleibt somit im Endeffekt dem Schüler überlassen, ob er dem Lehrer bedingungslos, gar nicht oder nur partiell zustimmt.

Des Weiteren ist eine Rekapitulation des gesamten Aufgabenkomplexes und der erlangten Erkenntnisse auch einer Bewertung des untersuchten, historischen Ereignisses förderlich. Dies kann, zu einem gewissen Grad, gelenkt im Unterricht geschehen, läuft aber auch bereits während der Bearbeitung der Aufgabe im Unterbewusstsein der Lernenden ab und kann schließlich auch nach der Bearbeitung durch Eigeninitiative geschehen. Selbstverständlich ist eine gelenkte Reflexion zielgerichteter auf Inhalte, welche für das spätere Leben von Relevanz sein könnten[25].

Hierbei gilt es Bedeutungszumessung und Werturteil zu unterscheiden. Bei der Bedeutungszumessung werden die erlangten Erkenntnisse auf ihre Bedeutsamkeit im Gesamtkontext der historischen bzw. gegenwärtigen Ereignisse bewertet[26].

Beim Werturteil wiederum kommt eine persönliche Komponente ins Spiel. Der Bearbeiter bewertet das bearbeitete Ereignis nach gesellschaftlichen, ethischen oder politischen Gesichtspunkten und entwickelt damit eine eigene Position zu diesem Ereignis. Diese kann kritisch bzw. positiv unterstützend ausfallen oder als, auf Vergangenheitsebene abstrahierte Erklärung, für einen Vorgang in der Gegenwart herangezogen werden[27]. Ein Werturteil beinhaltet damit auch, ob derjenige dieses Ereignis als positiv oder negativ betrachtet.

Um einen verantwortungsvollen, effizienten und sinnvollen Umgang mit Geschichte zu bewirken, ist eine Reflexion über das in Erfahrung gebrachte somit unbedingt erforderlich.

---

[24] Baricelli, Michele: Problemorientierung, in: Mayer, Ulrich; Hans-Jürgen, Pandel; Schneider, Gerhard (Hrsg.): Handbuch Methoden im Geschichtsunterricht, Wochenschau-Verlag, Schwalbach 2007, S. 87, 88

[25] Rüsen, Jörn: Werturteile im Geschichtsunterricht, in: Bergmann, Klaus; Kuhn, Anette; Rüsen, Jörn; Schneider, Gerhard (Hrsg.): Handbuch der Geschichtsdidaktik, Kallmeyer, Seelze-Velber 1992, S. 304, 305

[26] Jeismann, Karl-Ernst: Geschichtsbewusstsein als zentrale Kategorie der Geschichtsdidaktik, in: Schneider, Gerhard (Hrsg.):Geschichtsbewusstsein und historisch-politisches Lernen, Centaurus, Pfaffenweiler 1988, S. 11

[27] Rüsen, Jörn: Werturteile im Geschichtsunterricht, in: Bergmann, Klaus; Kuhn, Anette; Rüsen, Jörn; Schneider, Gerhard (Hrsg.): Handbuch der Geschichtsdidaktik, Kallmeyer, Seelze-Velber 1992, S. 304, 305

III. Formen des Geschichtsunterrichtes

Obwohl somit geklärt ist, wie eine Frage mit Gegenwartsbezug an die Geschichte gerichtet und gelöst werden kann, umschreibt dies noch keineswegs die Realität des
Unterrichtes. Wie die Aufarbeitung einer Frage an die Geschichte mit Gegenwartsbezug
in einer konkreten Unterrichtssituation aussehen soll bleibt damit zunächst fraglich. Zu
beachten ist hierbei, dass es seit neuerem zwei Formen von Geschichtsunterricht gibt,
den chronologischen und den nicht-chronologischen Geschichtsunterricht. Der chronologische Geschichtsunterricht ist hierbei die historisch etablierte Form, während es sich
bei dem nicht-chronologischen Geschichtsunterricht um ein Konzept handelt, welches
erst seit neuerer Zeit zur Anwendung kommt.

a. Chronologischer Geschichtsunterricht

Bei der klassischen Form des chronologischen Geschichtsunterrichtes sind die Inhalte
der Unterrichtseinheiten über den Lehrplan, überwiegend in chronologischer Reihenfol-
ge vorgegeben, wobei der Lehrer dennoch zu einem gewissen Grad nach Relevanz der
Kriterien differenzieren kann, welche Ereignisse er nun konkret behandelt[28].

Ausgangspunkt einer Unterrichtseinheit im chronologischen Geschichtsunterricht ist
damit immer zunächst ein historisches Ereignis. Ausgehend von diesem Ereignis wird
ein Bezug zu einer Problemsituation der Gegenwart, zum Beispiel über eine Diskussion
eine Diskussion in der Klasse oder über die Besprechung einer Quelle, hergestellt. Dies
kann sowohl in Form eines Ursachenzusammenhangs, als auch eines Sinnzusammen-
hanges geschehen.

Wichtig ist hierbei, dass die Schüler ein entsprechendes historisches Fachwissen bzw.
Gegenwartswissen besitzen um einen qualifizierten Bezug herzustellen und damit eine
qualifizierte Frage formulieren zu können. Ist das Wissen nicht ausreichend und droht
die Fragestellung in eine unqualifizierte Richtung abzugleiten, so ist es Aufgabe des
Lehrers lenkend einzugreifen.

Im Weiteren der Bearbeitungsprozess zur Fragestellung. Hierbei werden in der Regel
zunächst vertiefende Erkenntnisse zu dem historischen Ereignis gesammelt. Dies kann
in vielen verschiedenen Formen, wie Quellenarbeit, Referate, Gruppenarbeit und ähnliches geschehen. Erst danach werden die gesammelten Erkenntnisse und Materialien mit

---

[28] Becher, Ursula A. J.: Chronologischer Geschichtsunterricht, in: in: Bergmann, Klaus; Kuhn, Anette;
Rüsen, Jörn; Schneider, Gerhard (Hrsg.): Handbuch der Geschichtsdidaktik, 5.Auflage, Kallmeyer, Seelze-Velber 1992, S. 277-280

Zielrichtung auf die Lösung der zuvor formulierten Frage bearbeitet[29].

Die in diesem Zusammenhang erarbeiteten Lösungen werden abschließend zur Unterrichtseinheit präsentiert und es wird über die gesammelten Erkenntnisse in der bereits erläuterten Form reflektiert.

b. Nicht-chronologischer Geschichtsunterricht

Beim nicht-chronologischen Geschichtsunterricht, im Gegensatz zum chronologischen, wird nicht nach geordneten Lehrplanvorgaben vorgegangen. Dies gestattet es, von einem Problem der Gegenwart ausgehend, eine Frage an die Geschichte zu richten[30]. Es bietet sich daher an, die Thematik aus der Gegenwart, über eine Erscheinungsform der Geschichtskultur, also zum Beispiel ein Werbeprospekt, zunächst unbeantwortet in den Klassenraum zu stellen. Besonders geeignet sind auch Quellen die sich widersprechen oder aus heutiger Sicht zunächst merkwürdig erscheinen[31] Im weiteren Verlauf können über ein Brainstorming, Mind-Mapping und ähnliches Äußerungen und Gedankengänge zu diesem Thema gesammelt werden[32]. Im günstigsten Falle wird es im Verlauf dieses Prozesses bereits von alleine dazu kommen, dass ein Bezug zu einem Ereignis aus Geschichte, sei dies nun ein Ursachenzusammenhang oder ein Sinnzusammenhang, hergestellt, geschieht dies nicht kann der Lehrer auch hier lenkend eingreifen.

Im Anschluss hieran kann eine Frage, ausgehend von dem besprochenen Problem, an die Geschichte formuliert werden.

Der historische Themenkomplex wird dann im weiteren Verlauf der Unterrichtseinheit direkt mit Zielrichtung auf die Lösung der formulierten Frage bearbeitet[33]. Die Arten, auf die dies geschehen kann sind ebenfalls vielfältig, so besteht auch hier die Möglichkeit zu Gruppenarbeit, Frontaldiskussionen, Sammlung von zusätzlichem Material, Referaten und viele weitere. Entscheidend ist, dass der Beareitungsprozess von Anfang an auf die Lösung der frage gerichtet ist.

---

[29]Bergmann, Klaus: Gegenwarts- und Zukunftsbezug, in: Mayer, Ulrich; Hans-Jürgen, Pandel; Schneider, Gerhard (Hrsg.): Handbuch Methoden im Geschichtsunterricht, 2. Auflage, Wochenschau-Verlag, Schwalbach 2007, S. 102

[30] Sauer, Michael: Geschichte unterrichten, Kallmeyer, Seelze-Velber 2001, S. 39

[31] Ebd. S. 81

[32] Bergmann, Klaus: Gegenwarts- und Zukunftsbezug, in: Mayer, Ulrich; Hans-Jürgen, Pandel; Schneider, Gerhard (Hrsg.): Handbuch Methoden im Geschichtsunterricht, 2. Auflage, Wochenschau-Verlag, Schwalbach 2007, S. 108

Zum Abschluss einer solchen Unterrichtseinheit werden auch hier die Ergebnisse, in der bereits erläuterten Form, präsentiert und reflektiert.

IV. Gesamtergebnis

Abschließend betrachtet lässt sich feststellen, dass quasi jede Person, jeder Gegenstand und jedes gedankliche Konstrukt eine Geschichte hat und damit über solche Dinge, welche in Bezug zu den Schülern stehen, ein Gegenwartsbezug von Geschichte aufgebaut werden kann.

Wie festgestellt kann hierbei in zwei Formen vorgegangen werden. Der Gegenwartsbezug kann, nach dem System des chronologischen Geschichtsunterrichtes, hergestellt werden, indem zunächst das jeweilige historische Ereignis behandelt wird und dann die Verbindung zur Gegenwart hergestellt wird.

Er kann aber auch, nach dem System des nicht-chronologischen Geschichtsunterrichtes, ausgehend vom Problem der Gegenwart, mit anschließendem Bezug auf das geschichtliche Ereignis hergestellt werden.

Dem nicht-chronologischen Geschichtsunterricht sollte unter dieser Betrachtung von daher in Zukunft der Vorzug gegeben werden. Auch wenn der chronologische Geschichtsunterricht bisher die etabliertere Form war. Beim nicht-chronologischen Geschichtsunterricht wird nämlich zunächst der Aspekt behandelt, der den Schüler unmittelbar betrifft und für den er ein höheres Verständnis und Interesse besitzt. Die Anordnung der Schwerpunkte ist für den Schüler damit günstiger und es dürfte leichter fallen ihm die Verbindung des vergangenen Ereignisses und einer gegenwärtigen Problemlage transparent zu machen und darüber auch ein erhöhtes Interesse an Geschichte zu wecken. Beim chronologischen Geschichtsunterricht hingegen wird die Verbindung dem Schüler meist erst im Nachhinein klar werden, wobei zu diesem Zeitpunkt bereits viel Wissen verloren gegangen sein kann. Auch ist die Unterrichtseinheit in diesem Moment der Erkenntnis bereits abgeschlossen und die, aus der Verbindung erwachsende, Motivation kann sich nicht positiv auf den weiteren Unterrichtsverlauf auswirken.

Literaturverzeichnis

Aebli,Hans : Denken: Das Ordnen des Tuns, Band 2: Denkprozesse, Klett-Cotta, Stuttgart 1981

Baricelli, Michele: Problemorientierung, in: Mayer, Ulrich; Hans-Jürgen, Pandel; Schneider, Gerhard (Hrsg.): Handbuch Methoden im Geschichtsunterricht, 2. Auflage, Wochenschau-Verlag, Schwalbach 2007, S. 78-90

Becher, Ursula A. J.: Chronologischer Geschichtsunterricht, in: Bergmann, Klaus; Kuhn, Anette; Rüsen, Jörn; Schneider, Gerhard (Hrsg.): Handbuch der Geschichtsdidaktik, 5.Auflage, Kallmeyer, Seelze-Velber 1992, S. 277-280

Bergmann Klaus: Gegenwarts- und Zukunftsbezug, in: Mayer, Ulrich; Hans-Jürgen, Pandel; Schneider, Gerhard (Hrsg.): Handbuch Methoden im Geschichtsunterricht, 2. Auflage, Wochenschau-Verlag, Schwalbach 2007, S. 91-112

Bergmann, Klaus: Gegenwarts- und Zukunftsbezogenheit, in: Bergmann, Klaus; Kuhn, Anette; Rüsen, Jörn; Schneider, Gerhard (Hrsg.): Handbuch der Geschichtsdidaktik, 4.Auflage, Kallmeyer, Seelze-Velber 1992, S. 267-268

Bodo, Borris von/ Körber Andreas: Geschichtsbewusstsein als System von Gleichgewichten und Transformationen, in: Rüsen, Jörn (Hrsg.):Geschichtsbewusstsein: psychologische Grundlagen, Böhlau, Köln 2001, (Beiträge zur Geschichtskultur; 21), S. 239-280

Böttcher, Christiane: Die Karte, in: Pandel, Hans-Jürgen, Schneider, Gerhard (Hrsg.), Handbuch Medien im Geschichtsunterricht, Wochenschau- Verlag, Schwalbach 1999, S. 170-210

Dittrich, Christine: Ein kognitionspsychologischer Ansatz zur Analyse von Mikroprozessen historischen Lernens, in: Klose, Dagmar; Uffelmann, Uwe;(Hrsg.): Vergangenheit, Geschichte, Psyche: Ein interdisziplinäres Gespräch, Schulz Kirchner, Idstein 1993, (Forschen – Lehren – Lernen 7),S. 183-192

East, Patricia: Deklaratives und Prozedurales Wissen im Fremdsprachenerwerb: Eine empirsche Untersuchung des Grammatikwissens von deutschen Lernern mit Englisch als Fremdsprache, tuduv, München 1992, (tuduv-Studien. Reihe Sprach- und Literaturwissenschaften; 35), S. 23, 24

Jeismann, Karl-Ernst: Geschichtsbewusstsein als zentrale Kategorie der Geschichtsdidaktik, in: Schneider, Gerhard (Hrsg.):Geschichtsbewusstsein und historisch-politisches Lernen, Centaurus, Pfaffenweiler 1988, (Jahrbuch für Geschichtsdidaktik; 1), S. 1-24

Raisch, Herbert: Weniger ist oft mehr, Grundlagen der Kartenarbeit im Geschichtsunterricht, in : Praxis Geschichte, Beck, München 1999, S. 4-7

Rüsen, Jörn: Werturteile im Geschichtsunterricht, in: Bergmann, Klaus; Kuhn, Ancttc; Rüsen, Jörn; Schneider, Gerhard (Hrsg.): Handbuch der Geschichtsdidaktik, 5.Auflage, Kallmeyer, Seelze-Velber 1997, S. 304-307

Sauer, Michael: Geschichte unterrichten, Kallmeyer, Seelze-Velber 2001, S. 39

Schneider, Gerhard: Die Arbeit mit schriftlichen Quellen, in: Pandel, Hans-Jürgen, Schneider, Gerhard (Hrsg.), Handbuch Medien im Geschichtsunterricht, Wochenschau- Verlag, Schwalbach 1999, S. 15-44

Schönemann, Bernd: Museum als Institution der Geschichtskultur, in: Hartung, Olaf(Hrsg.): Museum und Geschichtskultur: Ästhetik, Politik, Wissenschaft, Verlag für Regionalgeschichte, Bielefeld 2006 (Sonderveröffentlichungen der Gesellschaft für Kieler Stadtgeschichte; 52), S. 21-31

Schörken, Rolf: Geschichte als Lebenswelt, Kapiteleinführung, in: Bergmann, Klaus; Kuhn, Anette; Rüsen, Jörn; Schneider, Gerhard (Hrsg.): Handbuch der Geschichtsdidaktik, 4.Auflage, Kallmeyer, Seelze-Velber 1992, S. 3-9

Schulz-Hageleit, Peter: Grundzüge geschichtlichen und geschichtsdidaktischen Denkens, Lang, Frankfurt am Main 2002

Steinbach, Lothar: Der Einzelne und das Allgemeine – Überlegungen zu unserem Umgang mit Geschichte aus historischer und sozialpsychologischer Sicht, in: Klose, Dagmar; Uffelmann, Uwe;(Hrsg.): Vergangenheit, Geschichte, Psyche: Ein interdisziplinäres Gespräch, Schulz Kirchner, Idstein 1993, (Forschen – Lehren – Lernen 7), S . 35-56